AF245910

LEXIQUE

DES MOTS OUBLIÉS, SOIT DANS LES DICTIONNAIRES DE WILSON, BOPP, BÖTHLINGK

ET ROTH, SOIT DANS L'AMARA-KOSHA,

ET QU'ON TROUVE EMPLOYÉS DANS LE ÇIÇOUPALA-BADHA.

« The vocabulary of Amara-Singha is sufficient for explaining almost all the words in Kâlidâsa's works, — Whilst to understand the poems of Mâgha, a contemporary of the Bhoja of the 11th century, the assistance of a number of vocabularies is required (1). »
(*Bhâo Dâjí*, Esq.)

अ

आत्तरवस्, nom substantif masculin; pluriel : अत्तिरवसस्; *un serpent*. RR. अत्ति, *œil*, et अवस्, *oreille*, c'est-à-dire, *la bête, qui a des yeux pour oreilles*.

अङ्गभु, subst. masc., *un fils*.

.... ददर्शावतरन्तमम्बरा
द्धिरण्यगर्भाङ्गभुवं मुनिं हरिः ॥
(T. Ier, ch. 1er, st. 1re.)

(1) Le vocabulaire d'Amara-Singha est suffisant pour expliquer à peu près tous les mots dans les ouvrages de Kâlidâça, — tandis que l'intelligence des poèmes de Mâgha, contemporain du Bhoja, qui vivait dans le onzième siècle, exige le secours de plusieurs Dictionnaires.

LEXIQUE

अघटे, *il ne sied pas ;* littéralement : *il ne va pas,* c'est-à-dire, *il ne convient pas.* RR. अ privatif, joint à la 3e personne du verbe घट्, employé au présent de l'indicatif. (T. II, ch. 15, st. 33.)

अधितल्प, subst. masc., *un lit, pour se coucher dessus,* malgré le sentiment du scholiaste.

यत्रातपे दातुमिवाधितल्पं
विस्तारयामास तरङ्गहस्तैः ॥

(T. Ier, ch. 3, st. 39.)

Il s'agit ici de la *mer,* sujet ou nominatif du verbe.

अधिरूढ, adjectif, *qui est monté sur...,* sens de अधिरूठ.

बल्गङ्गरीयः स्तनकम्प्रकञ्चुकं
ययुस्तुरङ्गाधिरूढो ज्वरोधिकाः ॥

(T. II, ch. 12, st. 20.)

अधिरोढ, subst. masc., *un cavalier ; celui, qui monte, soit un cheval, soit un éléphant.*

(T. II, ch. 11, st. 7.)

अनवनी, subst. fém., *non-protectrice,* c'est-à-dire, par euphémisme, *destructrice.*

(T. Ier, ch. 6, st. 37.)

अनाप्तुः, génitif d'un subst. masc. en ऋ, अनाप्तृ, *qui n'obtient pas,* « *non obtentor,* » ce qui suppose le simple आप्तृ, *obtentor.*

निशमस्य तद्द्विर्गितं शिने
वचनन्नतुरनातुरेनसाम् ॥
(T. II, ch. 16, st. 38.)

अनुतर्ष, subst. masc., *vin*, *liqueur vineuse* ou *spiritueuse*.
अनुतर्षत्यनेन, dit le scholiaste : *il sert à étancher la soif;* c'est pour cela qu'on appelle le vin अनुतर्ष.
(T. Ier, ch. 10, st. 2.)

अनुनायिका, subst. fém., *conciliatrice, femme, qui apaise, qui fléchit.* Böhtlingk et Roth donnent à ce mot la signification de : *une héroïne de second rang.* C'est dans une tout autre acception que le mot अनुनायिका est employé par l'auteur du *Çiçoupâla-badha.*

रतियतिप्रह्नितेव कृतक्रुध :
प्रियतमेषु बधूरनुनायिका ॥
(T. Ier, ch. 6, st. 7.)

अनुशी, verbe déponent, *se coucher le long d'une chose,* et, figurément, *avoir regret d'une chose,* composé et signification, que n'ont pas les Dictionnaires.

दत्तमिष्टमपि नान्वशेत स :
(T. II, ch. 14 , st. 45.)

अनुसन्तति, *tel qu'une ligne continue.* Voyez au mot अभिद्रूति.
अवनम्र, adjectif, *courbé en bas.* Le simple नम्र, *courbé,* existe au Dictionnaire de Wilson, mais non ce composé de la préposition अव. (T. II, ch. 17, st. 65.)

अवनीध्र, subst. masc., même signification que धरनीधर, भूमिभृत्, etc., une *montagne*. RR. अवनी, la *terre*, et ध्रृ, *porter*.
(T. II, ch. 16, st. 78.)

अभ्हानि, substantif féminin ou féminin d'un adjectif, *sans peur, intrépide, qui n'a pas de crainte*. अभ्हानि, dit le scholiaste, अभया.
(T. II, ch. 19, st. 40.)

अविकल्प, adjectif, *s'accordant, qui s'accorde avec*; car le commentaire explique ce mot par अविसंवादी, composé, que les Dictionnaires ne donnent pas, mais seulement संवाद, « *assent, concurrence, correspondence, sameness,* » dit Wilson; avec le suffixe इनि, *qui a ces qualités;* avec वि préfixe, *qui ne les a pas*, et avec अ privatif, *qui n'est pas ne les ayant point*, c'est-à-dire, *qui les possède*, et, par conséquent, *qui s'accorde avec.*

गतमनुगतवीणैरेकतां वेणुनादे:
कलमविकलतालं गायकैबोधहेतो: ॥
(T. II, ch. 11, st. 10.)

अवीवध, subst. masc. ou neutre, *augmentation de fortune, richesse;* वृद्धि, suivant l'explication du commentaire.
स्वापतेयमधिगम्य धर्म्मत:
पर्य्यपालयमवीवधच्च यत.....
(T. II, ch. 14, st. 9.)

अपयोध, subst. masc., *un ennemi:* द्धिष्, dit le scholiaste, शत्रु.

अवरथा, *autrement*, अन्यथा, dit le scholiaste, T. Iᵉʳ, ch. 9, st. 67, mais à la page 287, où le commentateur explique ce même adverbe par प्रकारन्तरेण, nous l'avons considéré, nous, comme provenant d'un अ privatif, joint à परथा, et traduit en conséquence par *non d'une autre manière*, et partant : *ainsi*.

अवरान्त, subst. masc., *pied de derrière*; अवरान्तेन, dit le scholiaste, पश्चिमपादेन. (T. II, ch. 11, st. 7.)

अवसारं, subst. neutre dans le poème : अवसारन् महीयः, *une très-grande sortie*. Le Dictionnaire de Wilson donne ce mot comme masculin seulement. (T. II, ch. 18, st. 40.)

अपूर, subst. masc., synonyme de प्रवाह, le cours d'un ruisseau, le courant d'une eau, d'un liquide.

स्वेदापूरीयुवतिसरितां व्याप गएउस्थालानि ॥
(T. Iᵉʳ, ch. 7, st. 78.)

अभिदूति pour अभि दूतीं, *à la messagère*. (T. Iᵉʳ, p. 434.) C'est une locution fort usitée dans le *Çiçoupâla-badha*, que de mettre une préposition avant un nom substantif à la forme non déclinée et d'en faire une sorte d'adverbe ; comme on le voit ici et comme on le voit dans les exemples suivants : अभितिग्मरश्मि, *en face du soleil*, T. Iᵉʳ, p. 408 ; अभिभर्तृ, *en présence d'un époux*, p. 446; अभिशौरि, *contre Çâauri*, c'est-à-dire, Krishna, T. II, p. 445 ; अधिवेश्म, *dans la ou dans les maisons*, T. Iᵉʳ, p. 446 ; अधिपुरन्ध्रि, *dans ou chez les femmes*, p. 282; अधिरत्नि, *dans*

la nuit, T. II, p. 34 ; उपालि, *près d'une compagne, d'une amie,*
T. Ier, p. 468 ; उपसपत्नि, *près d'une rivale, près d'une co-épouse,*
p. 479 ; प्रतिरिपु, *contre l'ennemi, à l'encontre de l'ennemi,* T. II,
p. 323.

अब्भुंलिह्, adjectif, *qui lèche les nuages,* c'est-à-dire, उच्चतर,
suivant le scholiaste, *très-haut :* अब्भुंलिह्लानि नवपल्लवानि, *de
jeunes branches, qui lèchent les nuages,* pour dire, *très-élevées.* (T. I,
ch. 5, st. 65.)

अभिधातृ, subst. masc., *dictor, expositor, narrator.*

अभिधातरीतइतइत्यथो नृपे ॥

(T. II, ch. 13, st. 62.)

अमान्, dont les racines sont évidemment अ privatif et मा, *mesurer,*
c'est-à-dire, *qui est sans mesure.* Le commentateur en donne cette
explication dans le passage, où se trouve le mot अमान् : *étant d'une·*
expansion, que la ville, pour ainsi dire, ne pouvait plus contenir par
l'augmentation de son corps, née ou venue de la joie.

प्रमदाद्मानिव पुरे मह्रीयसि
....निर्ययौ ॥

(T. II, ch. 13, st. 2.)

अयुगसप्ति, subst. masc., *le soleil* ; radicalement : *celui, qui a des*
chevaux en nombre impair.

अलिनी, subst. fém., une *abeille épouse* ou *femelle,* opposé à
अलि, subst. masc., qui est l'abeille époux ou mâle.

अलिना रमतालिनी शिल्लीन्धे
सह सायन्तनद्वीपयाट लाभ ॥
(T. Ier, ch. 6, st. 72.)

अह्निमरुचि, subst. masc., *le soleil*, c'est-à-dire, *l'astre aux rayons chauds.*

आ.

आभाह्, subst. fém., signification du simple भाह्, *veneratio, cultus* (Bopp); lequel simple, comme nom substantif, manque lui-même au Dictionnaire de Wilson; mais nous avons traduit आभहि आभाहि par *in veneratione veneratus est*, forme hébraïque, inconnue au sanscrit; et, suivant le scholiaste, qui nous semble maintenant avoir mieux saisi le sens, il signifie *brisement, rupture, action de casser*, आमर्दन, dit le commentaire, employant un mot très-intelligible, mais qu'on ne trouve pas davantage dans tous nos Dictionnaires.

La phrase corrigée signifie donc : « L'arbre, qu'un éléphant des bois avait parfumé de son mada, un éléphant des armées ne lui faisait pas seulement l'honneur de le briser, quelque honorable qu'il fût…. »

आमन्. Ni Wilson, ni Bopp, ni Westergaard ne donnent le verbe मन् comme se composant avec la préposition आ. Le scholiaste explique ici, ch. xiv, st. 60, आमनन्ति par कथयन्ति, *ils racontent*, mais le sens nous semble être plutôt : *ils estiment que.*

आमनन्ति यमुपास्यमादरा
दूरवर्त्तिनमतीव योगिनः ॥

(T. II, ch. 14, st. 60.)

आलपनं, subst. neutre, *conversation, entretien*, pour आलापनं des Dictionnaires.

गतधृतिरवलम्बितुं वतासू
ननलमनालपनादृह भवत्याः ॥

(T. Ier, ch. 7, st. 10.)

आहति, subst. fém., *battement, l'action de battre*, आस्फालनं, suivant le scholiaste.

कराहतिध्वनित.....

(T. II, ch. 17, st. 2.)

उचित, subst. masc., un *amant*, un *bien-aimé*, प्रियतम, dit le commentaire. (T. Ier, ch. 10, st. 81.)

उच्छूसत्, part. présent, mis seulement ici pour la signification de *s'épanouissant, épanoui*, que ne donnent pas les Dictionnaires.

उच्छूसत्कमल..... उच्छूसद्भिः पलाशैः

(T. Ier, p. 486, st. 58, et T. II, p. 11, st. 15.)

उद्धति, subst. fém., *élévation, l'action d'élever, de soulever*. Böhtlingk et Roth ne donnent à ce mot que ces trois sens : *action de retirer*, comme une flèche de sa blessure ; *sortie, délivrance*.

उद्धतौ भवति कस्य वा भवुः
श्रीवराहमपह्राय योग्यता ॥

« Qui est capable, si ce n'est Vishnou, de sauver la terre en la soulevant ? »

(T. II, ch. 14, st. 14.)

उपग, adjectif, *qui va dessous, qui se met dessous une autre personne ou une autre chose.* On trouve aux Dictionnaires le simple ग, *qui va,* mais non ce composé. (T. II, ch. 16, st. 68.)

उपन्यसनं, subst. neutre, *instruction, avis, exemple.* (T. II, ch. 16, st. 51.)

उपह्वूति, subst. fém., 1° *appel, convocation, rassemblement;* 2o *défi, provocation.*

अवलोकनाय सुरविद्विषन्निद्विष :
पटहप्रणाद्विद्धितोपह्वूतय : ॥

(T. II, ch. 13, st. 30.)

ध्वजांशुकध्रुवमनुकूलमारुत
प्रसारितै : प्रसभकृतोपह्वूतय : ॥

(*Ib.*, ch. 17, st. 49.)

उष्णरुच्, subst. masc., *le soleil;* synonyme de उष्णांशु, que donnent tous les Dictionnaires; c'est-à-dire, celui-ci: *qui a des rayons chauds ;* celui-là: *l'astre, dont la lumière fait naître la chaleur.*

ए.

इभ, adjectif, *elephantinus, a, um, qui est d'éléphant, qui tient, qui appartient à l'éléphant.* R. इभ, *éléphant.*

कूर्मौपम्यं व्यक्तमन्तर्नदीना
मेभाः प्रापन्नङ्गयो ऽसुङ्गयीणाम् ॥
(T. II, ch. 18, st. 71.)

औ.

और्वर, adjectif, *terrestre, qui est de la terre, qui appartient à la terre.* Il est dérivé de उर्वरा, *la terre* en général, comme en latin *terrestris* de *terra.*

किमेति रज्ञोभिरौर्वरे
र्वकीर्षस्य मर्णमह्राघता ॥
(T. II, ch. 16, st. 27.)

औपनीविक, adjectif, *qui est placé dessous* ou *près de la* नीवि, *espèce de ceinture* pour retenir le vêtement inférieur, उपनीवि, dit le scholiaste, नीविसमीपे. (T. Ier, ch. 10, st. 60.)

क.

कत्थ (विकत्थ), *se glorifier,* conjugué suivant le thème de la 10e classe, tandis que les Dictionnaires l'indiquent seulement comme étant de la première ; et Westergaard comme exigeant à l'instrumental la chose, de laquelle on se glorifie : GLORIARI, dit-il, *cum instrumentali, de re aliquâ :* विधया विकन्थसे. Cependant विकत्थ régit cette chose à l'accusattif dans l'exemple suivant :

नादितात्पमथ न व्यकत्थयत्

(T. II, ch. 14, st. 45.)

कश, subst. masc., *une rêne, une bride,* वल्गा, dit le commentaire. Wilson n'a que le substantif féminin कशा, *fouet,* auquel Böhtlingk et Roth ajoutent la signification de *corde,* qui semble vouloir se rapprocher du sens, où ce mot est employé dans le poëme de Mâgha : श्रवतां व्रज्ञाः

निम्नानि दूःखाद्वतीर्य्य सादिभिः

सयत्नमाकृष्टकशाः शनैः शनैः ॥

(T. II, ch. 12, st. 31.)

काञ्चिधामं, subst. neutre, sens de जघनं, *mons Veneris,* dit le commentaire. (T. Ier, p. 500.)

काबन्ध, ई, ञं, adjectif, *qui appartient à un tronc, qui est du tronc, du corps sans tête,* R. कबन्ध. (T. II, ch. 19, st. 51.)

कुचोष्मन्, subst. masc., un pectoral, une partie d'habillement, que les femmes portaient en hiver devant les seins. RR : कुच, *papille du sein,* et उष्मन्, *chaleur.*

शिशिरमासमपास्य गुणो ऽस्य नः

कइव शीतहरस्य कुचोष्मणः ॥

(T. I, ch. 6, st. 65.)

क्षपाकृत्, subst. masc., synonyme de क्षपाकर, *Lunus, la lune;*
(T. II, ch. 13, st. 53.)

गल्लता, subst. fém., *écoulement*, à proprement parler, *de pleurs.*

सद्यः प्रसह्य द्वितयेन नेत्रयोः
प्रत्याचचन्दो गल्तता भयस्त्रिया ॥
(T. II, ch. 15, st. 95.)

घ.

घर्मभानु, subst. masc., *le soleil.*

च.

चुचुर, subst. masc., dont le commentaire ne donne pas l'explication; mais qui semble une onomatopée du bruit, que fait avec ses dents le cheval, qui mange son fourrage.

गीवागल्लोल्लकल्लकिङ्किणिकानिनाद
मिश्रं दधद्दशनचुचुरशब्दमम्बः ॥
(T. Ier, ch. 5, st. 58.)

च्युत्, adjectif verbal, *qui est stillant de…, dégouttant de…,*
मद्च्युत् हरद्, *un éléphant, dégouttant de mada.* Les Dictionnaires donnent bien च्युत avec le sens passif, mais non च्युत्, qui a le sens actif. (T. II, ch. 15, st. 77.)

नश्च्युत्, verbe neutre, *sortir.* RR. निस्, *ex,* च्युत्, *stillare*

ड्.

ड्रुह्वन् ou ड्रुह्वान्, subst. masc., synonyme de ड्रुह्, *un
vase de bois à l'usage des sacrifices.*

तड्रुषस्व ड्रुह्वानि चानल्ले ॥

(T. II, ch. 14, st. 9.)

त्.

तनिका, subst. fém., *une corde,* « पट्मएउपर ड्रुड्रु व्यतिषड्रुं
भड्रुन्ति, » *ils (les chevaux) s'en vont, attachés aux cordes des tentes,* dit
le commentaire, expliquant le composé वितानतनिकाव्यतिषड्रु
भाड्रु:. (T. Ier, ch. 5, st. 61.)

तन्मयत्वम्, subst. neutre, *identité, mêmité,* comme disait
Voltaire, *la condition de ne faire qu'un avec un autre,* proprement
avec lui, ce que le scholiaste explique avec le mot ताद्रात्म्यं.

स्पष्टमेव दृलत: प्रतिनार्य्या
स्तन्मयत्वमभवद्ड्दयस्य ॥

(T. Ier, ch. 10, st. 46.)

तरां, *multopere,* dans le Çiçoupâla-badha, est joint assez
souvent à la fin des verbes pour en augmenter le sens, comme dans
अभवत्तरां, दृद्दशीतरं, क्रियतेतरां, etc., observation, qui peut-
être n'est pas superflue dans le silence des Lexiques.

तल्पल्ल, subst. masc., *épine du dos, échine,* पृष्ठवंश, dit le
commentaire. (T. II, ch. 18, st. 6.)

तीक्ष्णमार्ग, une *épée*, un *cimeterre*, périphrase dans un mot composé, *l'arme, dont la route est acérée,* खड्ग, dit le commentaire. (T. II, ch. 18, st. 10.)

तिग्मद्युति, subs. masc., *le soleil.*

तालिन्, adjectif, pluriel : तालिनः, *qui se tient sur, qui est posé sur.* R. तल्, 10e classe, *condere,* etc. « to fix. »

.... प्रसवेन पुरोह्स
त्सयदि कन्दलता दलतालिनः ॥

(T. Ier, ch. 6, st. 66.)

त्रिमार्गगा, subst. fém., radicalement : *qui va par trois routes,* synonyme de त्रिपथगा, *la Gangá, le Gange.* (T. II, ch. 12, st. 23.)

त्वक्क्, une *armure.* सान्द्रत्वक्का, dit le commentaire, सान्द्रवर्म्माण: R. त्वच्, *couvrir.* (T. II, ch. 18, st. 6.)

द.

दंश, verbe actif de la 10e classe, *armer :* c'est probablement le dénominatif de दंश, *une cuirasse.*

त्रदंशयन्नरच्हितशौर्य्यदंशना
स्तनूरुयन्वयइति वृष्णिभूभृतः ॥

(T. II, ch. 17, st. 21.)

दलदामन् et दलदामा, subst. neutre et féminin, *une guirlande:* माला, dit le commentaire, *sertum floreum.* RR. दल, *feuille,* et दामन्, *corde* ou *lien.*

प्रविवत्सतः प्रियतमस्य
निगडमिव चक्षुरुद्दियत् ।
नीलनलिनदलदामरूचि
प्रतिपाद्युग्ममचिरोठसुन्दरी ॥

(T. II, ch. 15ᵉ, st. 86.)

ध.

धूननं, subst. neutre, *agitation, tremblement.*

स्कन्धधूननविसारिकेशर् ॥
(T. II, ch. 14ᵉ, st. 71.)

न.

नमन, subst. masc., *courbeur; celui qui fait courber.* Le commentaire explique ce mot par नमयित्, nominatif: नमयिता, qui manque également à nos trois Dictionnaires et à l'Amara-Kôsha.

नमयति स्म वनानि मनस्विनी
ज्ञनमनोनमनोघनमारूत: ॥
(T. Iᵉʳ, ch. 6ᵉ, st. 30.)

निर्भर्हिसत्ता, त्, part. passé d'un verbe nominal composé:

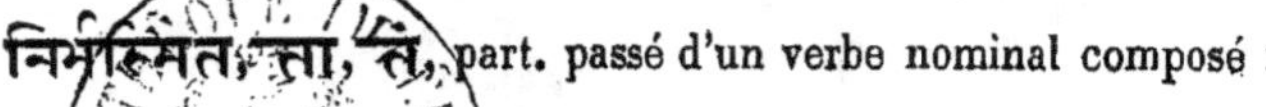

3

à qui la cendre est enlevée ou qui n'est plus couleur de cendre. RR.
निः, qui est négatif ou privatif en composition, et भस्म, *cendre.*

गाढौघनिर्भस्मितशम्भुकन्धरा
सवर्षमर्षः कथमन्यथास्य तत् ॥
(T. II, ch. 12ᵉ, st. 69.)

निपीड, subst. masc., *forte, considérable, violente oppression,*
नितरां पीडनं, suivant l'explication du scholiaste.

...... श्रङ्ग्नाः प्रियैः
पीनकुचतयनिपीडद्ल
हरवारवाणमुरसा लिल्लिङ्गिरे ॥
(T. II, ch. 15ᵉ, st. 84.)

प.

पद्मल्ल, subst. neutre, *poil;* au pluriel : पद्मल्लानि.
त्वक्सार्रुन्ध्यपरि पूरणल्बधगीति
रस्मिन्त्रसौ मुद्दितपद्मल्लरछकाङ्गः
— — — — — — — — वायुः ॥
(T. Iᵉʳ, ch. 4ᵉ, st. 61.)

पतङ्गकान्त, subst. masc., synonyme de सूर्य्यकान्त, non
inscrit aux Dictionnaires de l'Amara, Bopp et Wilson. RR. पतङ्ग,
le soleil, et कान्त, *une pierrerie.* (T. Iᵉʳ, ch. 4ᵉ, st. 16.)

पताका, subst. fém., *la hampe d'un étendard ou d'un drapeau.*
Il semble, d'après l'exemple suivant, que ce mot n'est employé comme

synonyme de केतन que par une métonymie de la partie pour le tout.

सम्माॡर्न्योन्यूनमुड़ूयमाना

भान्ति स्मोच्चैः केतनानाम्पताकाः ॥

« Les hampes des enseignes brillaient en l'air comme des balais promenés à l'envers. »

(T. II, ch. 18ᵉ, st. 8.)

पताकिन्, un *porte-étendard :* au pluriel, पताकिनः ; mais, dans le poëme de Mâgha, il signifie de plus *un char,* auquel sont attachés des drapeaux : पताकिना रथा : dit le commentaire, faisant dériver du substantif पताकिन् le qualificatif पताकिन, ना, नं, *qui porte des* ou *qui est orné de drapeaux.* (T. II, ch. 13ᵉ, st. 4.)

परिपाएइमा, nominatif singulier masculin, *blancheur* et, conformément aux racines, *blancheur répandue tout à l'entour d'une chose, complète blancheur.* Le scholiaste interprète ce mot par धवलिमा, également inconnu au Dictionnaire de Wilson, ainsi qu'à l'*Amara-Kosha,* non au Dictionnaire de Böhtlingk et Roth. Les deux vocables sont les nominatifs des mots à la forme non-déclinée : परिपाएइमन् et धवलिमन्.

परिपूरिन्, adjectif, *comblant de dons, accomplissant les vœux :* भक्तवरदः, *propice à ceux qui le servent.* परिपूरयति कामैर्भक्तान्, dit le commentaire; *il comble de choses désirées ceux qui l'adorent.* T. II, ch. 19ᵉ, st. 94.)

परिमन्थर, adjectif, *très-lent.* Les Dictionnaires et l'Amara-
kosha n'ont que le simple मन्थर, *tardus.*

प्रणेतृ, substantif masculin ; instrumental : प्रणेत्रा, le *guide,* le
conducteur d'un char, le *cocher.*

प्रतिनारी, substantif féminin, *une rivale.* (Voyez pour l'exemple
au mot तन्मयत्वम्.)

प्रत्यशेष, adjectif, avec la signification du simple अशेष, *tout:* la
préposition ne faisant, ce nous semble, qu'ajouter à la force de l'i-
dée d'universalité. (T. II, chant 14ᵉ, st. 58.)

प्रतिमानना, substantif féminin, *hommage, marque de respect,
adoration, culte;* पूजा, dit le commentaire.

स्पर्शमशुचिवपुर्ह्रिति न ।
प्रतिमाननान्तु नितरानुपोचिताम् ॥
(T. II, chant 15ᵉ, st. 35.

प्रतिश्रुति, substantif féminin , *écho.* Le Dictionnaire de Wilson
ne donne que प्रतिश्रुत्, également féminin avec la même signifi-
cation.

मनस्विनामुदितगुरुप्रतिश्रुतिः ।
श्रुतस्तथा न निन्नमुद्ङ्गनिस्वनः ॥
(T. II, chant 17ᵉ, st. 42.)

प्रमाद, substantif masculin, qu'on ne trouve pas aux Diction-
naires de Wilson et de Bopp, ni dans l'Amara-kosha, même signifi-
cation que le simple माद, *ivresse, enivrement.*

प्रमोक, substantif masculin, ou प्रमोकं, substantif neutre, sens de प्रमोचनं, *libération, mise en liberté.*

सरसनखपदान्तर्दृष्टकेशप्रमोक ।

म्प्रणयिनि विद्धाने..... ॥

(T. II, ch. 11e, st. 54.)

प्रशम, adjectif, *sedatus, extinctus, occisus.*

(T. II, ch. 16e, st. 51.)

प्रसकल, adjectif, *tout, entier.* (T. Ier, ch. 7e, st. 34.)

ब

बहुल्लित, adjectif, *multiplié, nombreux*: बहुल्लीकृत, dit lo scholiaste.

घनाम्बुभिर्बहुल्लितनिम्नगाझल्लै ।

झल्लन्न हि व्रझति विकारमम्बुधेः ॥

(T. II, ch. 17e, st. 18.)

बाह्रबाह्रवि, substantif neutre, *combat à la seule force des bras;* बाह्रयुङं, suivant le commentaire. (T. II, ch. 18e, st. 12.)

म

मएडल्लिका, substantif féminin, *un cercle, une rangée en cercle autour d'une chose, entourage;* car le scholiaste explique ce mot par le synonyme परिधि. (T. Ier, ch. 5e, st. 52.)

मएडुक., par un उ bref, substantif masculin, *anse* ou *poignée d'un bouclier.* (T. II, ch. 18, st. 21.)

मधुपा, féminin d'un adjectif en अ, आ, अं, *qui boit* ou *qui a bu du vin* ou *des liqueurs.* Wilson nous donne, comme substantif masculin seulement, la signification d'*abeille*, suivant les racines मधु, *miel*, et प, *qui boit.* Le premier membre du composé a dans notre mot la signification *de vin* et *de liqueurs.*

व्रीडनाडनमभनन्मधुपा सा

स्वाम्मदात्प्रकृतिमेति ह्लि सर्व्वः
(T. Ier. ch. 10e, st. 18.)

मधुभुज्, substantif masculin, *une abeille.* (T. Ier, p. 330.)

मनस्क ou मनस्कं, substantif masculin ou neutre, *l'esprit, l'âme, le cœur,* en tant que regardé comme le siége des sentiments; मनस्, मनांसि, dit le scholiaste. Wilson n'a simplement que l'adjectif मनस्कः, मनस्का, मनस्कं.

मुदितयुवमनस्कास्तुल्यमेव प्रदोषे

रुचमद्धुरुभव्यः....॥
(T. II, ch. 11, st. 27.)

Il s'agit des femmes et des fleurs.

मल्लं, substantif neutre, *flétrissement, état d'une chose, qui se flétrit.*

मल्ले यथागतमगाम कुल्लैरल्लीनाम् ॥
(T. Ier, ch. 5e, st. 43.)

मिमान, *faisant de l'orgeuil*, suivant cette explication du com-
taire, मानं कुर्व्वान.

न्यधित मिमानइवावनिम्यद्वानि ॥

(T. Ier, ch. 7e, st. 13.)

मलिनिमा, substantif féminin, *la noirceur*. (T. Ier, ch. 6e, st. 4.)

मानना, substantif féminin : 1° *honneur*, *hommage*, पूजा ;
2° *meurtre*, *homicide*, *occision*, हननं.

भवतोऽभिमनाः समीह्ते

सरूषः कर्त्तुमुपेत्य माननाम् ॥

Voyez la traduction de ces deux vers au chant seizième, stance 2.

मालिनी, féminin d'un adjectif मालिन् (माली, ‑ ‑ नी,
‑ ‑ लि), *gestans*, portant, *qui tient*. R. मल्, *tenere*.

युवतिषु कोमलमाल्यमालिनीषु ।

पद्मुपद्धिरे कुलान्यलीनां ॥

(T. Ier, ch. 7e, st. 61.)

युरः पतत्यरबलेरेणुमालिनी ।

मलत्तयद्हिशमभिधूमितामिव ॥

(T. II, ch. 17e, st. 41.)

मृगधर, substantif masculin, *la lune*.

मृधुः, employé, non comme adjectif, mais comme substantif mas-
culin, *compassion*, *pitié*, suivant le commentateur, qui explique
le mot par कृपा, द्या. Voyez, T. II, p. 213, st. 36, le passage,
où le mot ne peut se rapporter adjectivement à मति:, qui est du genre

féminin, ni à कृष्ण, sujet ou nominatif sous-entendu, car le scholiaste, expliquant ce mot, aurait dit au masculin : कृपनः, दयः, et non : कृपा, दया, au féminin.

मुष्, substantif masculin ; génitif : मुषः ; instrumental : मुषा, *voleur*, « raptor. »

मौग्धी, substantif féminin, *simplicité, naïveté, candeur*, au féminin en ी, tandis que Wilson nous donne seulement le nom substantif neutre en अं : मौग्धं. (T. II, ch. 12e, st. 39.)

र

रथी, subst. fém., un *char*.

कश्चित्सुखम्प्रातुमनाः सुसारथो
रथी युयोत्राविधुरां बधूमिव ॥
(T. II, ch. 12 , st. 8.)

रुणित, syncope, pour अरुणित, avec le même sens, *rougi, rendu de couleur rouge*. (T. I, ch. 6, st. 32.)

रुठि, subst. fém., dans les significations duquel il faut ajouter celle de *parure, ornement ;* car le commentateur et un sens très-acceptable du contexte lui donnent celle de प्रसिद्धि, dont c'est la signification n° 2 dans le Dictionnaire de Wilson.

चक्रधरइति रथाङ्गमदः ।
सततम्बिभर्षि भुवनेषु रुठये ॥
(T. II, ch. 15, st. 26.)

रोधं. subst. neutre, *empêchement, obstacle mis à quelque chose,* synonyme oublié du mot रोधनं de Wilson.

$$वाणिरोधमविरोधितवात्क्\ म्भर्त्सनाश्च मधुरस्मितगर्भाः ॥$$

(T. Ier, ch. 10, st. 69.)

रोड्ह, substantif masculin, un *guide,* un *cornac,* un *homme, qui, monté sur un éléphant, le conduit.* (T. II, ch. 18°, st. 56.)

रोड्हिणी, subst. fém., une *vache,* रोड्हिणी:, dit le commentaire, गाः.

$$.....रोड्हिणी......$$
$$चिरन्निरुद्धयौ दुह्यतः स गोदुह्ः ॥$$

(T. II, ch. 12, st. 40.)

ल.

लब्धि, subst. masc. ou fém., *obtention, acquisition,* sens de लाभ, suivant le contexte et le scholiaste.

$$मधुसुरभिमुखाब्जगन्धलब्धे\ रधिकमधित्वदनेन (1) मा नियाति ॥$$

(T. Ier, ch. 7, st. 41.)

(1) षट्त्लेन मधुव्रतानाम्.

व.

वङ् ou —ध्रें, inconnu à Wilson. L'Amara-kosha donne ce mot comme féminin, वङ्री, une *courroie*. (T. II, p. 471.)

वदितृ, substantif masculin, un *diseur*, «*dictor*,» *un* homme, *qui dit*, वक्तृ, suivant le commentaire.

वदिता न लघीयसो ॽ पर: ।
स्वगुणन्तेन वदत्यसौ स्वयम् ॥
(T. II, ch. 16ᵉ, st. 31.)

वचस्विन्, adjectif (—स्वी, —स्विनी, —स्वि), *éloquent*, वाग्मिन्, dit le scholiaste.

उतीरिते वचसि वचस्विनाॽमुना ॥
(T. II, ch. 17ᵉ, st. 1.)

वचोह्र, *un messager ; un homme, chargé de porter des paroles*, वचह्री, dit le commentateur, c'est दूत:.

पुनरूक्तितसाध्वसोद्वा
मभिधत्ते स्म वचोवचोह्र: ॥
(T. II, ch. 16, st. 38.)

ववलिरे, 3ᵉ personne du pluriel au parfait, *venerunt,* « *ils ou elles vinrent.*» Les Dictionnaires, ni même Westergaard, ne donnent cette signification au verbe वल् dans aucune de ses formes.

प्रणयिन: परिरब्धमथाङ्गना
ववलिरे वलिरेचितमध्यमा ॥
(T. Iᵉʳ, ch. 6ᵉ, st. 38.)

वा, conjonction dans le sens de *car, en effet, enim*, mise comme celle-ci après un mot.

बुधा वा ज्ितमपरेण कामनावि
ष्कुर्व्बीति स्वगुणमपत्रपः करएव ॥
(T. Ier, ch. 8e, st. 7.)

विदंश, substantif masculin, *un excitant, quelque chose, qui donne envie de boire ;* même sens que celui du simple, composé avec la préposition उप. Voyez dans les Dictionnaires ce dernier mot उपदंश.

स्वादितः सकृद्िवासवएव ।
प्रत्युत क्षणविदंशपदे ऽ भूत् ॥
(T. Ier, ch. 10e, st. 10.)

विउम्भिन्, adjectif, *imitant, qui imite.*

सन्ध्यांशुभिन्नघनकर्व्रितान्तरीक्ष ।
लक्ष्मीविउम्बि शिविरं शिवकीर्त्तनस्य ॥
(T. Ier, ch. 5e, st. 68.)

विपातता, substantif féminin, *hardiesse, audace;* वैयात्यं, dit le commentaire. (Voyez l'exemple au mot ब्रह्मानि.)

विभिदा, substantif féminin, *déchirement.* (T. II, p. 456.)

विरोधिता, substantif féminin, *rivalité, émulation,* स्पर्द्धा, comme dit le scholiaste.

— — — — — — दुर्म्मते
र्मतिमङ्िस्सह का विरोधिता ॥
(T. II, ch. 16e, st. 26.)

विव, substantif féminin, épithète donnée à Wishnou, c'est-à-dire, *qui a pour monture un oiseau* ou *qui peut marcher, qui peut voyager sans l'oiseau Garouda.*

विना पत्तणा वाति, गच्छतीति विव:
पत्तिवाह्नइत्यर्थ: , dit le commentateur.

(T. II, ch. 19e, st. 86.)

विशेषयू, verbe nominal, dérivé de विशेष, *supériorité, excellence;* विशेषयति, *il surpasse, il excelle, il domine,* 3e personne du singulier de l'indicatif.

व्यानशे, 3e personne singulier de l'imparfait, que le scholiaste explique avec le mot व्याप, *il ou elle occupait,* répondant ainsi au doute de Westergaard, qui dit sur le verbe नश्: *Nescio an huc referendum est* नशत् (व्याप्तिकर्मानौ), *Amplecti ?*

बक्वर्वह्निरिवास्य विकाशं
व्यानशे तनुरुह्राएयपि हर्ष: ॥

(T. Ier, ch. 10e, st. 50.)

वियुवती:, *vides de.…, séparées de.…,* accusatif féminin pluriel, dont le commentaire donne cette explication: कोपाद्वियुक्तानाः, *irâ destitutas.* (T. Ier, ch. 6e, st. 62.)

व्योमग, substantif masculin, un *Dieu,* synonyme de व्योमचारिनं. (T. II, ch. 18e, st. 50.)

वैदग्धी, substantif féminin. Ce mot, outre les significations, qu'on trouve dans lés Dictionnaires, a celle de शोभा, la *beauté*, qu'ils ne ne donnent pas. (T. Ier, ch. 4e, st. 26.)

वैडुम, – – मा, – – मं, adjectif, *coralinus, a, um*, « qui est de corail. » Rac. विडुम, le *corail*. (T. II, ch. 18e, st. 36.)

वैरायितारः, nominatif pluriel masculin, qui suppose un nominatif singulier : वैरायितृ, radicalement : *un être, qui fait l'inimitié, qui fait la guerre avec un autre*, ou plutôt *qui se met en guerre avec lui*. (T. Ier, ch. 2e, st. 115.)

श.

शासक, subst. masc., *dominateur, régent*. R. शास्, *regere*.
(T. II, ch. 14, st. 11.)

शासिन्, subst. masc., *imperans, dans jussa*.

उपसेद्विड्डिरूपदेष्टॄरिव ते
र्ववते विनीतमविनीतशासिभिः ॥
(T. II, ch. 13, st. 24.)

c'est-à-dire, *superbè imperantes*, au lieu de *superbi imperatores*.

शूलपानि, subst. masc., un des noms donnés par les poètes à *Çiva*; radicalement : *celui, qui tient dans sa main un épieu à trois pointes, le trident*. (T. Ier, p. 212 et ailleurs.)

श्रवणपूरक, subst. masc,, proprement : *ce qui remplit l'oreille, une pendeloque, une girandole;* mais, dans le passage suivant, il est employé par Mâgha dans le sens de *collier:*

— — ˉसमापतन्

वलयीकृतश्रवणपूरकाः स्त्रियः ॥

(T. II, ch. 13, st. 32.)

श्रावक, subst. masc., *un son lointain,* दूरध्वनिः, dit le scholiaste (T. II, p. 1ʳᵉ). Le mot श्रावक de Wilson a d'autres significations.

श्रीवत्तकिन्, subst. masc., *un cheval.* Wilson porte seulement श्रीवत्सकिन्, *a horse having a curt of hair on his breast.*

संवृति, subst. fém., *cache, cachette* (concealment, hiding). Wilson n'a que le simple वृति.

परितप्यतएव नोत्तमः ।

परितप्तोऽप्ययरः सुसंवृतिः......

(T. II, ch. 16, st. 23.)

संशा, subst. fém., même signification que le substantif masculin संशय, *doute, incertitude.* (T. II, ch. 19, st. 14.)

सततग, subs. masc., *celui, qui va continuellement, qui ne s'arrête jamais, le vent;* सततगाः, *les vents.*

ववरयुकूह्द गुच्छसुगन्धयः

सततगास्ततगानगिरोऽल्लिभिः ॥

(T. Iᵉʳ ch. 6, st. 50.)

सन्धायिन्, *celui qui encoche une flèche*, सन्धत्ते यस् श्रसौ ,dit le scholiaste. (T. II, ch. 19, st. 97.)

सभ्यम्, *dans l'assemblée;* car le commentaire explique ce mot par le locatif सभायां. Donc सभ्यम् pour सभ्यां paraît venir d'un substantif féminin सभि.

सभ्यमभ्यधित शन्तनोः सुतः ॥
(T. II, ch. 14, st. 53.)

सम्भ्रमं, employé comme un nom substantif neutre, tandis que Wilson, Bopp et l'Amara-kosha le donnent comme masculin seulement.

चाटु चाकृतकसम्भ्रममासां
कार्म्मणत्वमगमत्रमणेषु ॥
(T. Ier, ch. 10, st. 37.)

सहस्रतयम्, substantif neutre, une *agglomération de mille.*

सांयुगी, féminin d'un adjectif, dérivé du substantif संयुग, c'est-à-dire, *qui est dû, qui appartient à, qui est destiné pour un combat.*

न पुनः सांयुगीन्ताः स्म कुमारेह्न्ति सस्मयाः ॥
(T. II, ch. 19, st. 17.)

सितकर, substantif masculin, *la lune;* radicalement, *l'astre aux blancs rayons.*

सुप्रातम्, syncope pour सुप्रभातं, *un beau matin.*

तव वरद करोतु सुप्रातमन्द्दामयन्नायकः ॥

(T. II, ch. 11, st. 67.)

स्थल्लीरुह्, subst. masc., synonyme de ध्रवनिरुह्, *un arbre.*

(T. Ier, p. 6.)

स्पष्ट, part. passé, mis seulement ici pour le sens de *éclos, épanoui,* qu'il n'a pas dans Wilson, Bopp et l'Amara-kosha ; car le scholiaste explique ce mot par विकसित.

स्पष्टबन्धूकसून

स्तवकरचितमेते शेखरम्बिभ्रतीव ॥

(T. II, ch. 11e, st. 46.)

स्फृश्, adjectif, *touchant, qui touche,* « tangens. »

Je l'aurais cru une faute d'impression, échappée au correcteur, au lieu de स्पृश्; mais je trouve ce mot écrit de la même façon dans le commentaire, expliquant ces deux vers du texte :

गगनस्फृशाम्मणिरुचाञ्चयेन य

त्सदनान्युदस्मयत नाकिनामपि ॥

(T. II, ch. 13e, st. 63.)

स्रुति, subst. fém., *écoulement, suintement, flux,* स्राव, suivant le commentaire.

करद्वयं सपदि सुधन्वनोनिजे

रनारतस्रुतिभिरधाव्यताम्बुभिः ॥

(T. II, ch. 17e, st. 8.)

Voyez aussi le tome premier, page 250.

सन्धायिन्, adjectif, *qui encoche une flèche sur un arc*.
(T. II, p. 430.)

स्वानमा, *voluptate*, « par le plaisir ; » car le scholiaste explique ce mot avec l'instrumental सुस्वेन.
नात्र कान्तमुपगीतया तया
स्वानमा नमति कालिमालया ॥
(T. Ier, ch. 4e, st. 57.)

स्विद्, génitif, स्विद्ः, la *sueur*.
ह्निमर्त्तावपि ताः स्म भृशस्विदो
युवतयः . . . . . . ॥
(T. Ier, ch. 6e, st. 61.)

ह्.

ह्निनस्तु, substantif masculin, *la mort*, puisque le commentateur explique ce mot par ह्न्तु.
सतुह्निनस्तु ह्निनस्तु वियोगिनः ॥
(T. Ier, ch. 6e, st. 56.)

ह्निमधामं, substantif masculin, *la lune*; radicalement, *le palais* ou *l'habitation du froid*.

ह्निमरुचि, substantif masculin, *la lune*; c'est-à-dire, l'astre à la *froide lumière*.

SUPPLÉMENT

उपशोभं, subst. neutre, *décoration, embellissement, tout objet,
qui sert à décorer une ville dans une fête publique.*

पवनावधूतवसनान्तयैकया
विन्हितोपशोभमुपयाति माधवे
नगर व्यरोचत पताकेयव तत् ॥

(T. II, ch. 13e, st. 36.)

FIN.

PARIS. — IMP. W. REMQUET, GOUPY ET Cᵉ, RUE GARANCIÈRE, 5.